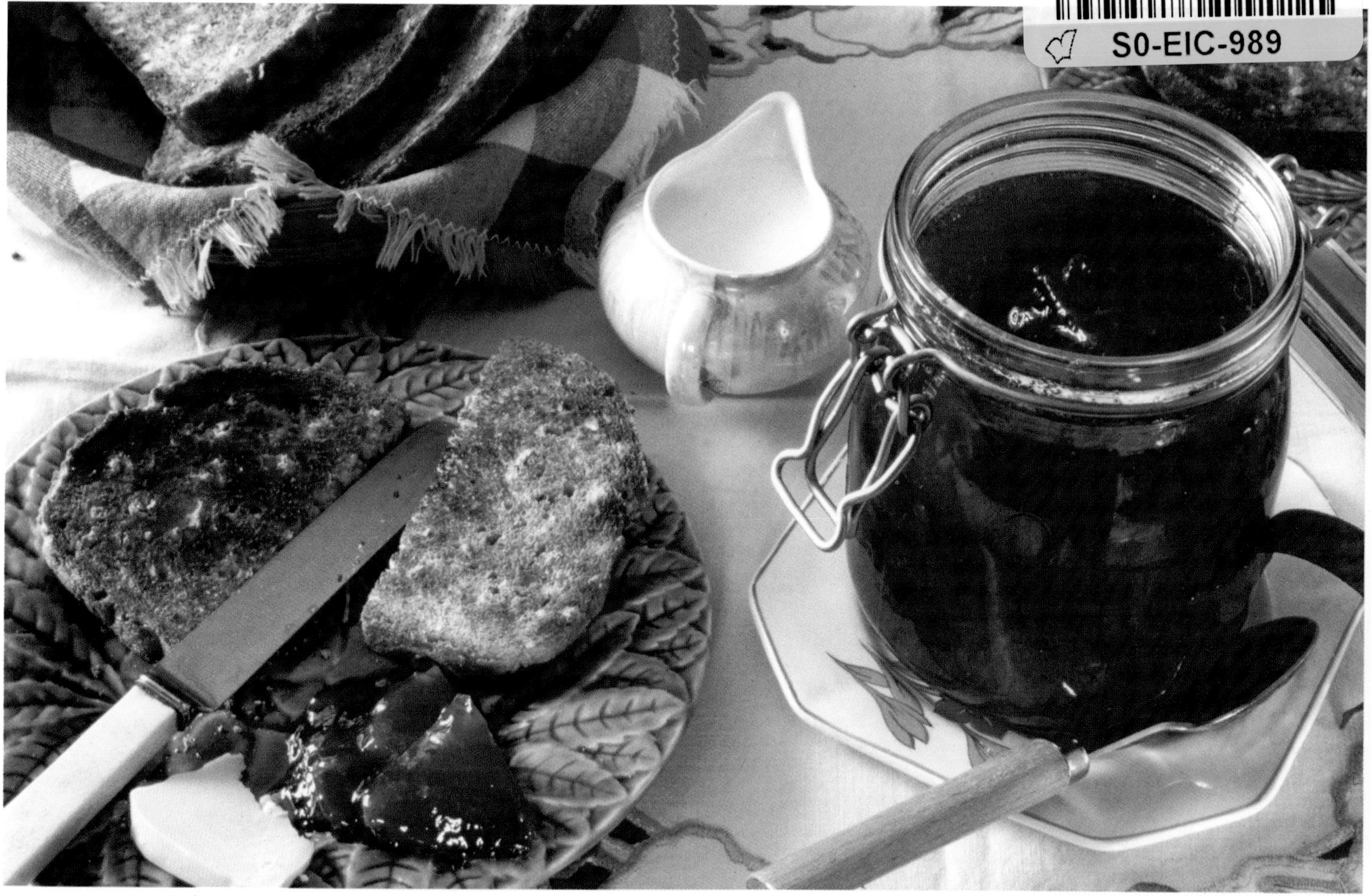

jam

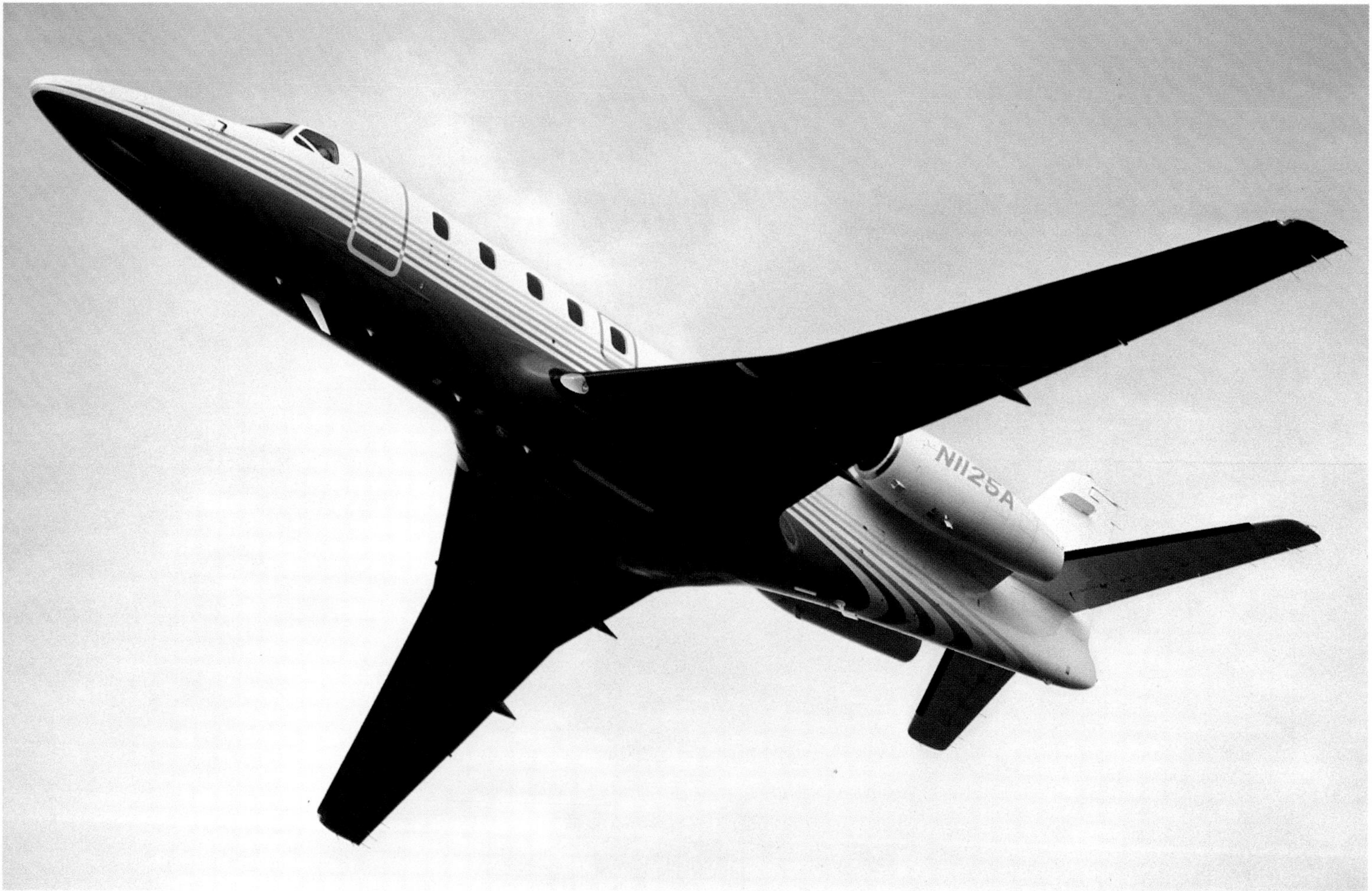

jet

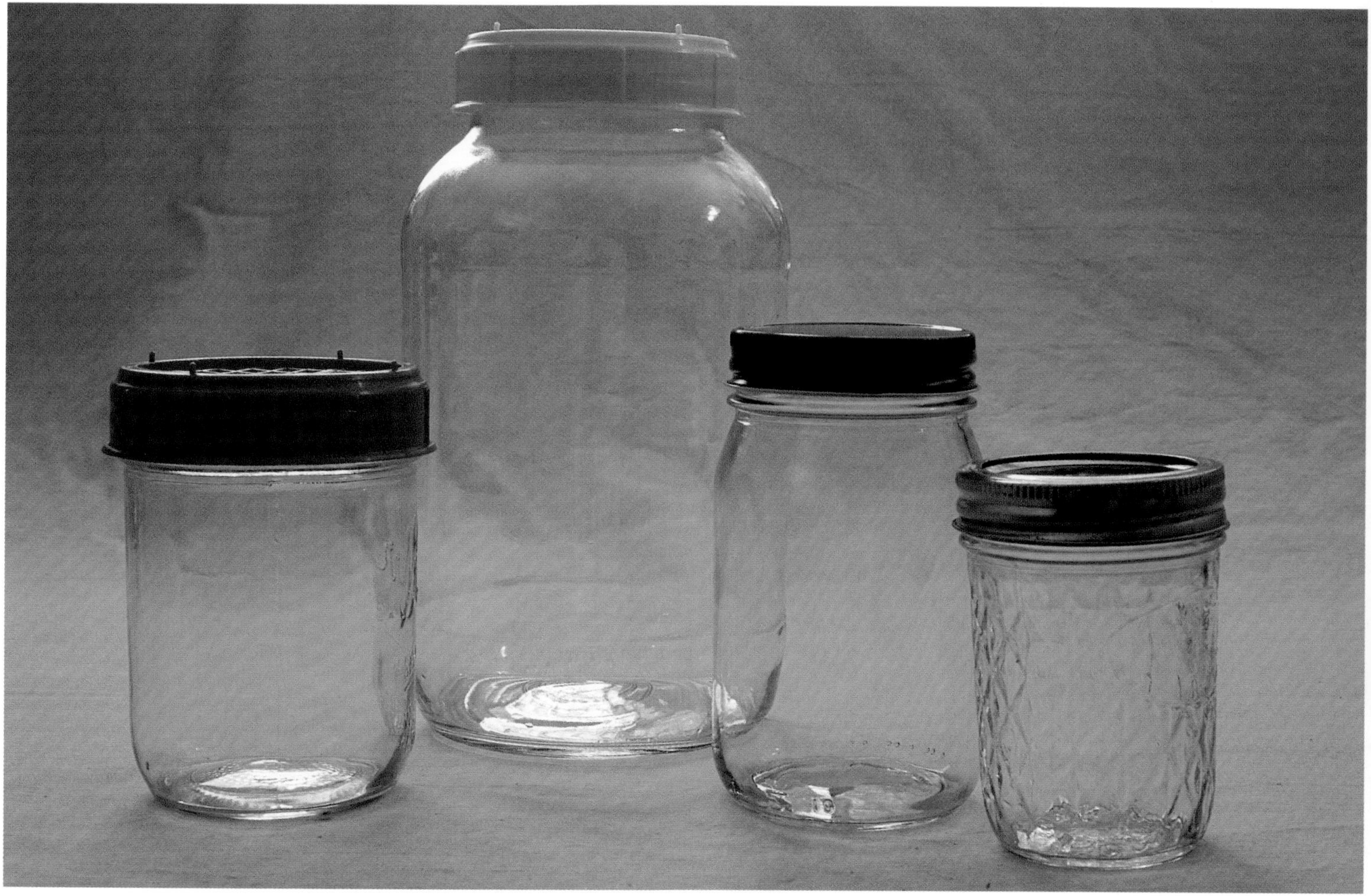

jars

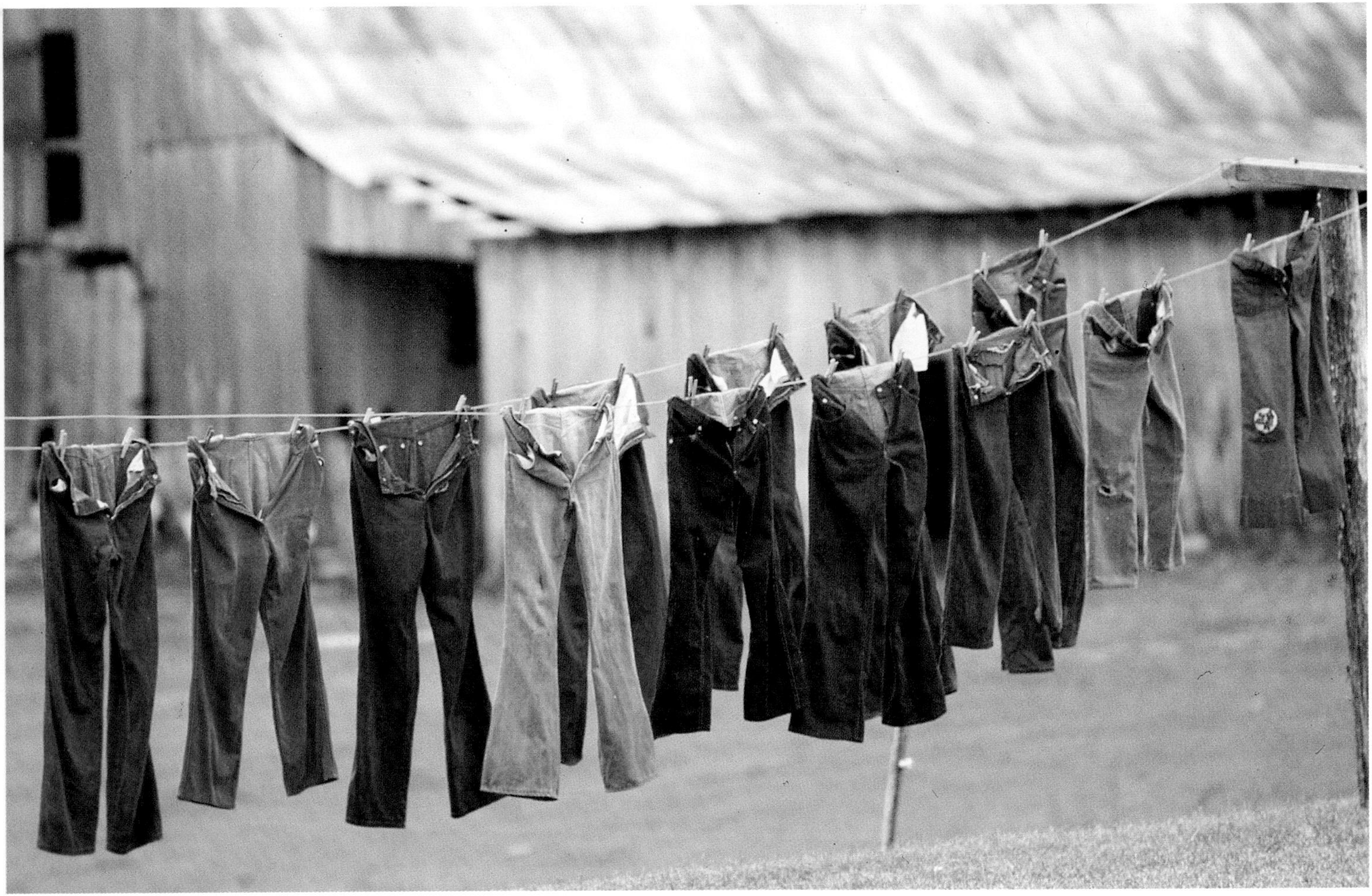

jeans

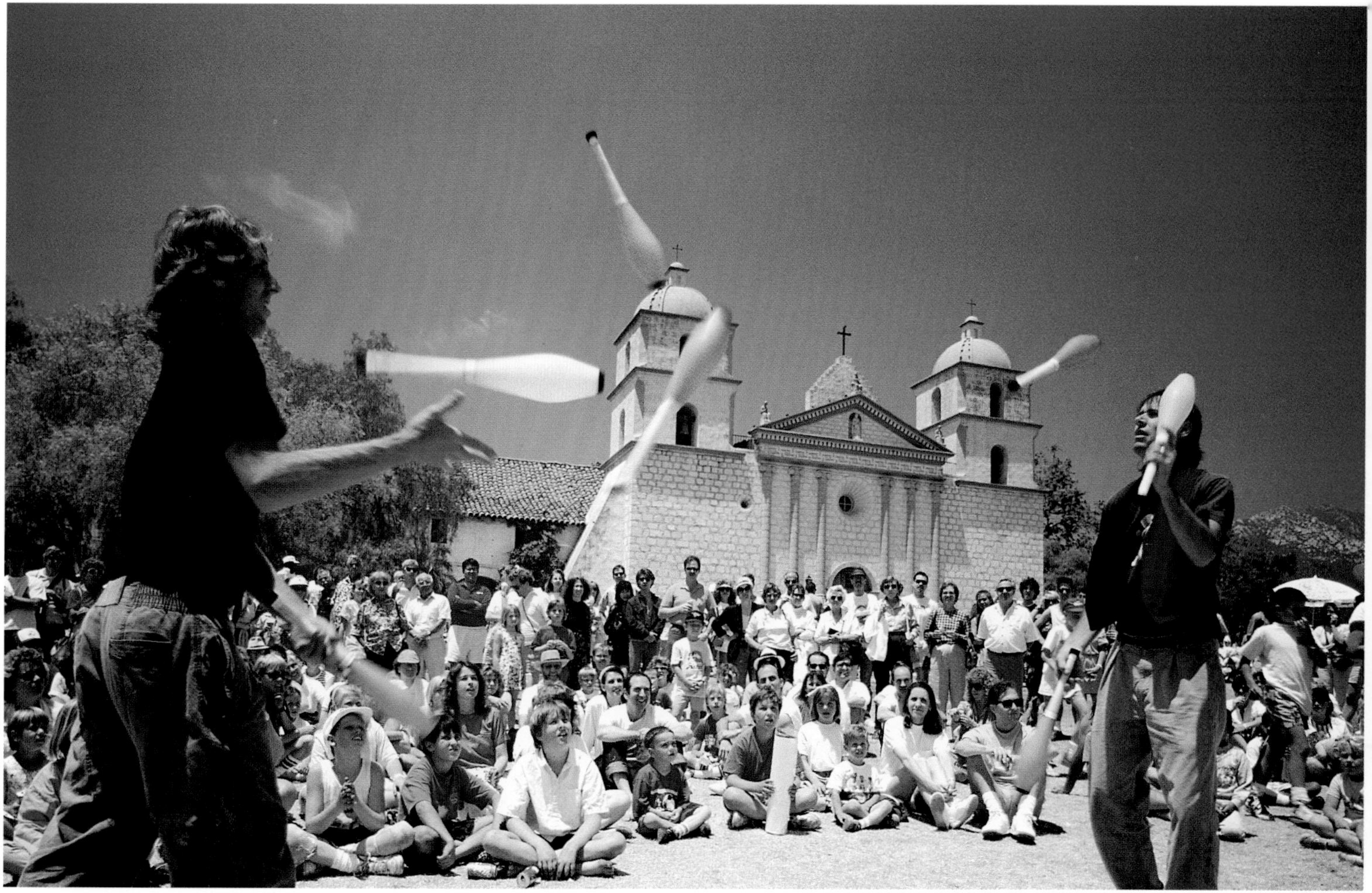

jugglers

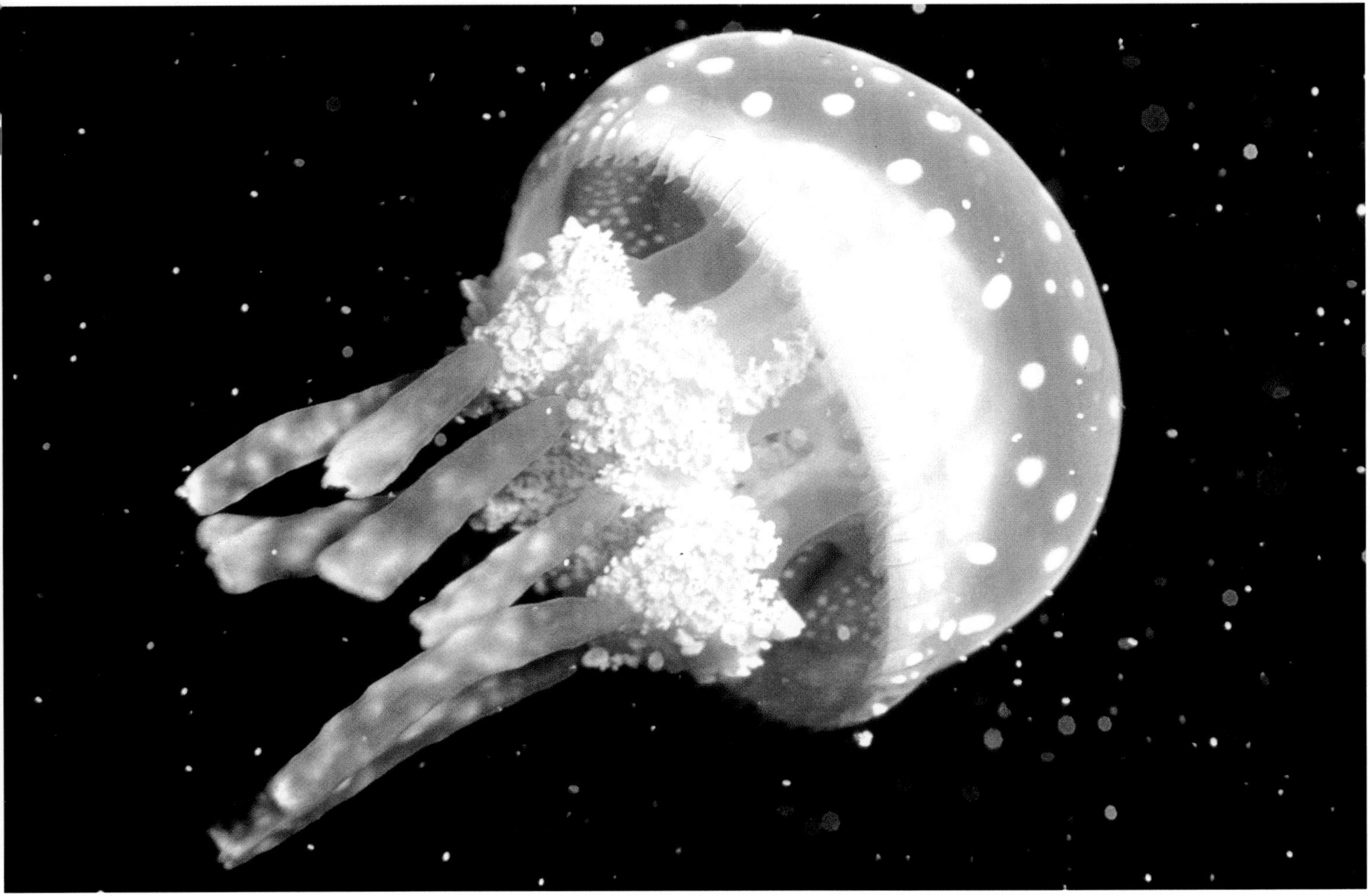

jellyfish

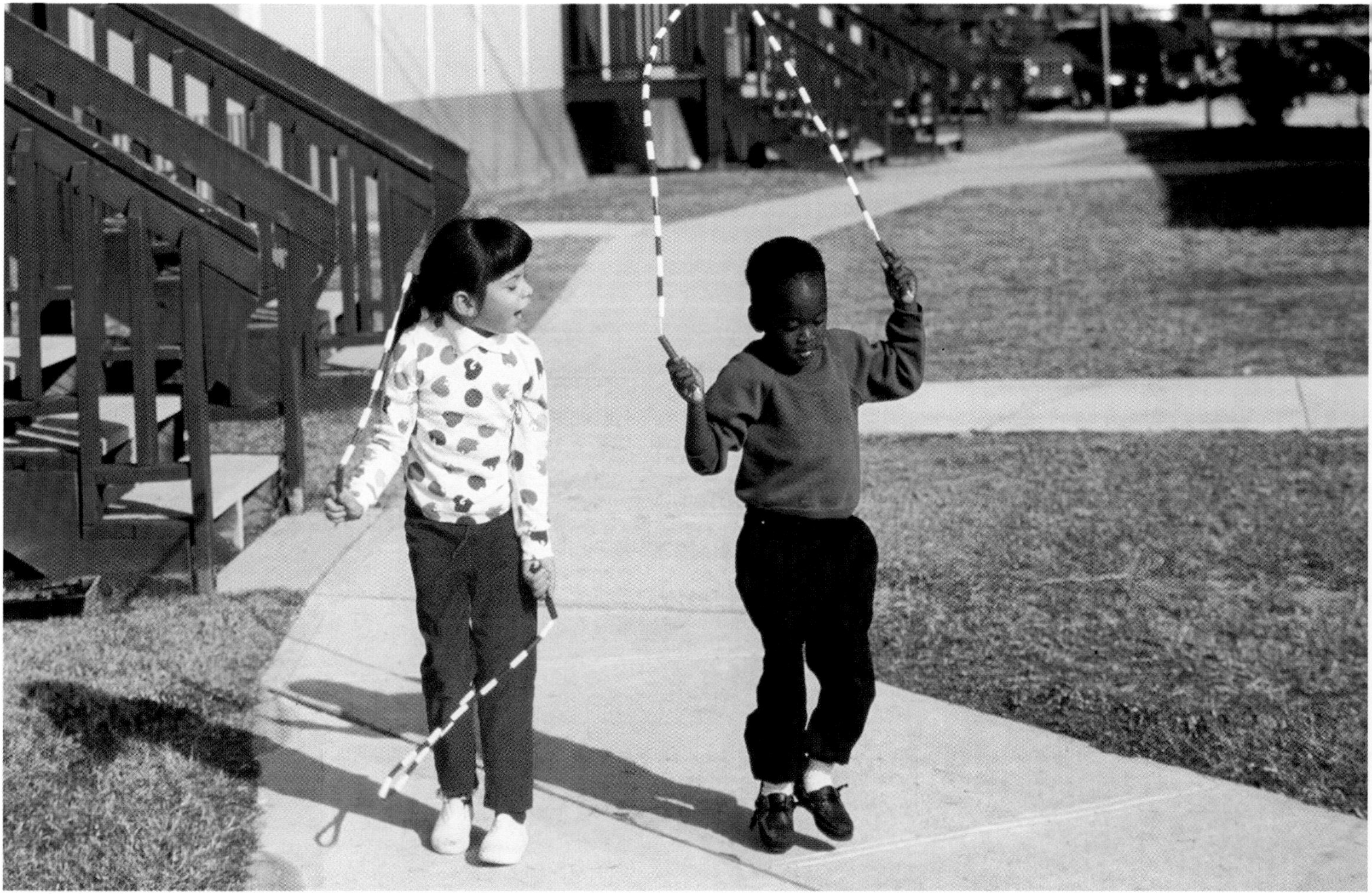

jump ropes

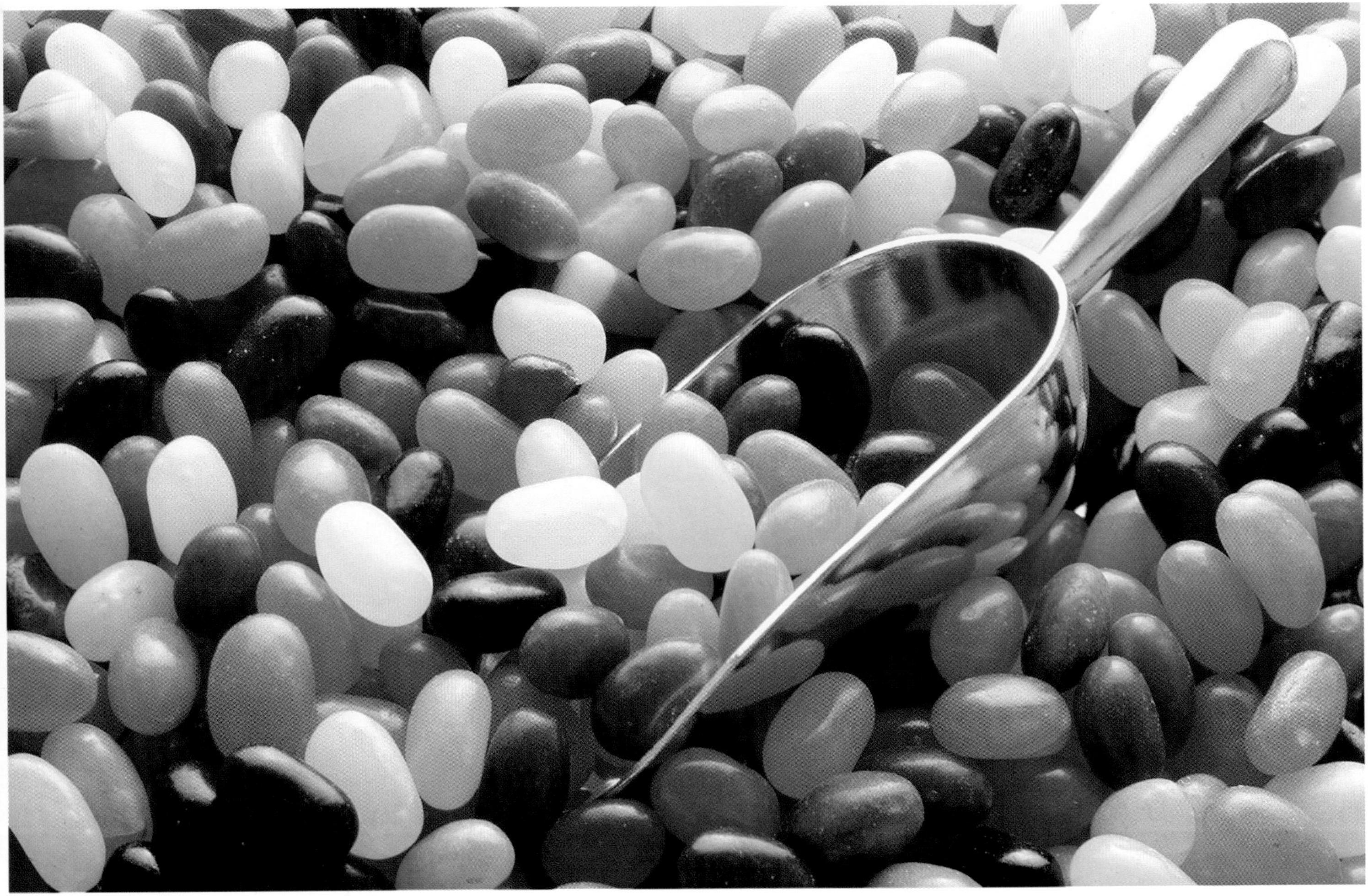

jelly beans